A. M. Weigl

# Für unsere lieben Kranken und Alten



Verlag St. Grignionhaus Altötting

Mit kirchlicher Druckerlaubnis
7. II. 1976

## Ein Strom des Segens

möge sich mit diesem Büchlein, das bereits in 3. Auflage erscheint, in viele Herzen ergießen! Kaum ist ein Jahr um (seit April 1976), sind davon bereits viele Tausend Exemplare gedruckt und weithin verbreitet worden. Immer mehr Kranke, Leidende und alte Leute greifen darnach und finden Trost, Ermutigung und Stärkung in all ihren Bedrängnissen. „Um nichts in der Welt würde ich dieses Büchl mehr hergeben“ sagte ein alter Kranker. Der Herr segne alle, die es für sich gebrauchen, segne aber auch alle, die es geschenkweise verbreiten helfen! Es geht viel Segen davon aus.

**Verlag St. Grignionhaus 8262 Altötting**

Druck: Missionsdruckerei Mariannhill
8861 Reimlingen

## Herzlich Grüß Gott!

Allen lieben kranken und alten Leuten einen gesegneten Gruß durch die liebe Mutter Gottes, die den schönsten, begnadetsten Gruß empfing, den je ein Mensch empfangen hat: „Du bist voll der Gnade, der Herr ist mit Dir.“ Durch sie, die Gnadenvolle, möchte ich dieses Büchlein Euch allen mit vielen guten Wünschen in die Hand legen.

Ich selbst gehöre ja auch zu den Alten. Ich bin Jahrgang 1903 und seit 20 Jahren, seit 1956, trage ich die Folgen einer schweren Gehirnhautentzündung als tägliche Gotteslast, aber auch als Gottesgnade. Wie Ihr, so verspüre auch ich so mancherlei Beschwerden. Die Augen und die Füße tun nicht mehr recht mit, Herz und Kreislauf versagen und andere Beschwerden mehr. Gerade weil ich diese Altersgebrechen und die Folgen der Krankheit täglich selbst an mir verspüre, habe ich mir seit Jahren vorgenommen, nicht nur mich selbst oft mit dem heiligen Kreuzzeichen zu segnen, sondern jedesmal zugleich alle kranken und alten Leute auf dem ganzen Erdenrund mitzusegnen. Ich tue es meist vor dem Tabernakel unserer Hauskapelle, tue es bei Tag und oft auch bei Nacht und bete: **Göttlicher Heiland, durch die Strahlkraft**

**Deines hochheiligen Fleisches und Blutes, hier gegenwärtig im Tabernakel, mögest du alle alten und leidenden Menschen segnen und stärken, mögest sie aufrichten, heilen und heiligen!**

Dabei bitte ich auch die heiligen Engel um ihre überaus tröstende und stützende Nähe für jeden Bedrängten; besonders auch die liebe Gottesmutter um ihren Segen.

Ich kenne mehrere Priester vom Marianischen Segenskreis, die, wie ich täglich nicht nur abends, sondern auch punkt 12 Uhr Mittag alle Menschen auf dem ganzen Erdenrund segnen, besonders die Alten und Kranken und Sterbenden. Bitte schließen Sie sich bewußt täglich in diesen

**12 Uhr Mittags-Segen**

ein und schenken Sie dabei allen Priestern auf der ganzen Welt ein Gebetsgedenken! Bitte herzlich darum. Sicher wird die Zahl der täglich um 12.00 Uhr segnenden Priester von Woche zu Woche wachsen. Welch wunderbarer Stromkreis der Gnade **Segen von den Priestern und Fürbitte für die Priester täglich um 12 Uhr Mittag.** Ihr lieben guten alten und kranken Leute, denkt bitte daran!

Gerne habe ich dieses kleine Gebetbuch in Großdruck zusammengestellt, mit der Absicht, die liebe Gottesmutter möge Dich, lieber Bruder, liebe Schwester, jedesmal, sooft Du danach greifst und daraus betest, fest an der Hand nehmen, sie möge Dich mütterlich segnen und Dich immer näher zu Jesus führen!

**Jesus ist unser allerbester Bruder, dem Du alles anvertrauen darfst. Jesus ist unser himmlischer Arzt, von dem Du jede Hilfe erwarten darfst. Jesus ist unser göttlicher Heiland, der Dich einmal sicher ins himmlische Vaterhaus geleitet.**

## Ein Tag ohne Gebet

ist ein verlorener Tag. Beten können und beten wollen ist eine der größten Gnaden auf dem Krankenlager, ist eine der großen Chancen, die uns das Alter schenkt. Wir wollen beten und wieder beten und manches Unnütze dafür sein lassen! Unser schönstes Tun ist Gott lieben, besonders im Gebet und in der Hingabe unseres Willens in Seinen göttlichen Willen.

Viele der hier folgenden Gebete habe ich dem weitverbreiteten „Gebetsschatz“ entnommen, in dem noch zahlreiche andere Gebete stehen und den man im St. Grignionverlag, 8262 Altötting, beziehen kann. Die meisten der hier enthaltenen Gebete sind von der Kirche mit Ablässen versehen, meist Teilablässen, die den Armen Seelen Licht und Trost schenken. Darum bitte von allem Anfang an die Meinung zu machen, alle diese Ablässe gewinnen zu wollen.

Ich wünsche Euch allen überreichen Segen vom Herrn für Leib und Seele!

Euer A. M. Weigl, Pfr. i. R.
Schmalhofer Straße 9
8301 Langquaid

## Das kostbarste Gebet

**Von allen Gebeten das gesegnetste und kostbarste ist das Vaterunser. Dieses Gebet zum himmlischen Vater hat uns Jesus selbst gelehrt. Täglich sollen wir es darum mit großer Ehrfurcht und Dankbarkeit mit Jesus vereint beten. Schon deswegen, weil wir dadurch dem himmlischen Vater eine große Freude bereiten, aber auch deswegen, weil viele Christen überhaupt nicht mehr beten. Darum wollen wir das Vaterunser um so treuer, gleichsam stellvertretend auch im Namen derer beten, die es nicht mehr tun, ja im Namen aller und für alle. Dieses Beten im**

**Namen aller ist besonders gesegnet. Aber auch die Bemühung, andere zum Beten zu gewinnen suchen.**

Eine hochbetagte, mir gut bekannte Gräfin gab seit Jahren ihren Verwandten und Bekannten einen Zettel. Darauf stand: „Bitte beten Sie jeden Tag ein Vaterunser für einen, der keines mehr betet! Geben Sie diese Bitte auch an andere Personen weiter!“ – Das ist eine wichtige und fruchtbare Aktion gerade für unsere Zeit.

So wagen wir zu beten:
**Vater unser im Himmel,**
**geheiligt werde Dein Name.**
**Dein Reich komme.**
**Dein Wille geschehe,**
**wie im Himmel so auf Erden.**
**Unser tägliches Brot gib uns heute.**
**Und vergib uns unsere Schuld,**
**wie auch wir vergeben unsern Schuldigern.**
**Und führe uns nicht in Versuchung,**
**sondern erlöse uns von dem Bösen. Amen.**

## Ganzhingabe an den Höchsten

**Mein Herr und mein Gott,**
**nimm alles von mir, was mich hindert zu Dir!**

Mein Herr und mein Gott,
gib alles mir, was mich fördert zu Dir!
Mein Herr und mein Gott,
nimm mich mir und gib mich ganz zu eigen Dir!

(Hl. Nikolaus von der Flüe)

## Gruß am Morgen

Mein gütiger Vater, Du schenkst mir einen neuen Tag. Laß ihn mir und anderen zum Segen werden! Voll Vertrauen lege ich diesen neuen Tag in Deine Hände, alles, was mich froh macht, und alles, was mir schwer fällt. Schenk' mir einen lebendigen Glauben an Deine Gegenwart, eine starke Hoffnung auf Deine Macht und Weisheit, eine opferbereite Liebe zu Dir und zu den Mitmenschen. Maria, meine liebe Mutter und Königin, sei auch Du mir nahe und nimm mich in Deinen mächtigen Schutz. Sankt Joseph, Sankt Michael, heiliger Schutzengel, heiliger Namenspatron, alle Heiligen Gottes, bittet für uns! Amen.

## Gruß am Abend

Mein gütiger Vater, wieder ist ein Tag vorüber. Schenke mir eine gesegnete, ruhige Nacht. Wenn ich nicht schlafen kann, will ich traute Zwiesprache mit Dir halten. Mit dem geweihten Kreuz oder mit dem Rosenkranz in der Hand will ich Deines Sohnes Leben und Leiden betrachten.

Ich danke Dir, Vater, daß Du mich heute gnädig behütet hast. Dir empfehle ich meinen Leib und meine Seele. Sende mir Deine heiligen Engel und bewahre mich vor allem Bösen.

Für alles, was ich heute gut getan habe, danke ich Dir. Manches habe ich auch nicht gut gemacht.

Gütiger Vater, ich bitte Dich von Herzen um Verzeihung dafür. Amen.

## Schenke mir ein frohes Herz!

Vater im Himmel, Du bist die Quelle aller Freude. Du willst, daß wir als frohe Gotteskinder vor Dir wandeln.

Verscheuche aus meinem Herzen die Nebel trüber Gedanken.

**Banne aus meiner Seele Schwermut und drückende Sorgen.**

**Bewahre mich vor Mutlosigkeit und Trauer. Erfülle mein Herz mit heiliger Freude.**

**Mach, daß ich mich einst die ganze Ewigkeit mit Dir freuen darf.**

**Maria, Mutter der heiligen Freude, führ mich zu Jesus.**

**Heiliger Franziskus, Bruder „Immerfroh", erbitte mir ein sonniges Gemüt und ein fröhliches Herz.**

(Aus „Meßfeier daheim", Wendelinusverlag Einsiedeln)

## Vertrauen und wieder Vertrauen!

Durch ein beharrliches kindliches Vertrauen dürfen wir unseren himmlischen Vater überaus erfreuen. Ihm wirklich zutrauen, daß Er nur das Beste für uns will, auch wenn Er uns ein schweres Kreuz auferlegt. Wir sollen immer wieder Akte des Vertrauens erwecken:

**Himmlischer Vater, ich vertraue auf Dich!**
**Jesus, ich vertraue auf Dich!**
**Liebe Muttergottes, ich vertraue auf Dich!**

Wir müssen täglich dieses kindliche Vertrauen erneuern, denn der Böse sät immer Verzagtheit und Mutlosigkeit in die Seelen. So viele verzweifeln. Auch für diese Seelen sollen wir stellvertretend vertrauen.

## Um ein gutes Altsein

**Ich danke Dir, Vater, daß Du mir in Deiner Güte ein langes Leben gibst. Das Leben ist ein Geschenk, das Alter eine Gnade. Verhüte, daß ich geschwätzig werde. Bewahre mich vor der Unart, zu allem und jedem etwas sagen zu wollen. Gib, daß ich mich nie unberechtigterweise in die Angelegenheit anderer mische. Laß mich andern nicht lästig fallen durch Aufzählen belangloser Einzelheiten. Lieber will ich geduldig zuhören.**

**Schenk mir einige treue Weggefährten, die es gut mit mir meinen. Nie will ich etwas bös auslegen. Lieber freue ich mich am Guten und schaue getrost in die Zukunft. Vieles sehe ich, was nicht sein sollte. Ich muß und darf nicht alles sagen. Nicht zum Richten, sondern zum Lieben hast Du mich bestellt. Schenk mir als kostbare Altersgnade das lie-**

**bende, nachsichtige „Übersehen“, wo es nötig ist.**

(Aus „Frohes Reifen“, Wendelinusverlag Einsiedeln)

## Seligpreisung eines Alten

Selig, die Verständnis zeigen für meinen stolpernden Fuß und für meine lahme Hand.

Selig, die begreifen, daß mein Auge trüb, mein Denken langsam und mein Schritt unsicher geworden ist.

Selig, die mir freundlich zulächeln und ein wenig mit mir plaudern.

Selig, die verstehen, frohe Erinnerungen an frühere Zeiten in mir wachzurufen.

Selig, die mich erfahren lassen, daß ich geliebt, geachtet und nicht allein gelassen bin.

Selig, die in ihrer Güte und Geduld mir die Tagc erleichtern, die mir noch bleiben auf dem Weg in die ewige Heimat.

Gebet aus Afrika

## Litanei der alten Leute

**Ein geduldiges und ergebenes Alter –**
**gib uns, o Herr!**
**Ein Alter der Wiedergutmachung –**
**gib uns, o Herr!**

**Ein demütiges und dankbares Alter –
gib uns, o Herr!
Ein friedliches und getröstetes Alter –
gib uns, o Herr!
Die heilsame Furcht des Gerichtes –
gib uns, o Herr!
Die letzten Sakramente in vollem Bewußtsein zu empfangen – gib uns, o Herr!
Vor einem egoistischen Alter bewahre uns, o Herr!
Vor einem grämlichen Alter bewahre uns, o Herr!
Vor unnützer Klage bewahre uns, o Herr!
Vor beunruhigenden Erinnerungen bewahre uns, o Herr!
Vor Angst und Zweifel bewahre uns, o Herr!
Vor einem plötzlichen Tode bewahre uns, o Herr!
All unsere Leiden nimm als Opfer an,
o Herr!
Durch die Hoffnung auf unsere Auferstehung verwandle uns, o Herr!**

**O Gott, gib mir die Gnade, die Prüfungen des Alters geduldig zu ertragen, auf daß mein Leben für die Meinen keine Last, sondern eine Erbauung sei. Dies bitten wir Dich durch Christus, unsern Herrn. Amen.**

Nach Josef Gülden

## Um ein rechtes Verständnis

Ein Jüngerer betet:

**Herr, gib uns ein rechtes Verständnis zu den älteren Menschen. Erwecke in uns Mitgefühl gegen sie! Mache uns bereit, die alten Menschen und ihre Lebensweise liebend anzunehmen. Gib uns zu verstehen, daß wir alle einmal in die Jahre kommen, in denen die äußere Aktivität nachläßt, wo aber die Weisheit des Alters um so kostbarer sein wird. Alte Menschen können oft durch liebevolles Schweigen und schweigendes Mitleiden bessere Lehrer sein als kraftstrotzende junge Neuerer.**

**Herr, lehre uns, daß alt sein gelernt werden muß, daß es die letzte Reife des Menschen erfordert, daß dies also eine große Aufgabe ist.**

Nach A. L. Balling

## Die Gnade der Lossprechung

Es gehört zu den großen Gnaden eines Christenlebens, in der heiligen Beichte immer wieder die sakramentale Lossprechung empfangen zu dürfen. Die reuige Seele wird dadurch gleichsam in Christi heiligendes Blut getaucht und in die Strahlung des Heiligen Geistes. Man kann nicht genug danken für jede gute Beichte, die man ablegen darf. Wenn Du nur guten Willen hast, dann wird Deine Beichte immer gut sein. Denk nur nach über Deine Sünden gegen Gott, gegen die Mitmenschen und gegen Dich selbst! Dann schau aufs Kreuz und sprich aus tiefer Seele: Mein Jesus, Barmherzigkeit, dann bekenne dem Priester Deine Schuld.

Eine gute Reue hilft immer auch zu einer guten heiligen Kommunion. Je reuiger unsere Seele ist, desto liebender wird sie sein. Empfange nur den Heiland, sooft du kannst und so gut du kannst. Heilige Beichte und Kommunion gehören zu unseren größten Gnaden im Alter.

## Sehnsucht nach dem Herrn

**Jesu, Jesu komm zu mir!**
**O, wie sehn ich mich nach Dir!**
**Keine Freud' ist in der Welt,**
**Die mein Herz zufriedenstellt.**
**Deine Liebe, Herr allein,**
**Kann in Wahrheit mich erfreu'n.**
**Nimm mein ganzes Herz für Dich,**
**Und besitz' es ewiglich! Amen.**

**Denk' Du in mir, o Jesus,**

**dann denk' ich licht und klar!**
**Sprich Du aus mir, o Jesus,**
**so sprech ich mild und wahr!**
**Wirk' Du durch mich, o Jesus,**
**gerecht ist dann mein Tun,**
**geheiligt meine Arbeit,**
**geheiligt auch mein Ruh'n!**
**Erfüll' mein ganzes Wesen,**
**durchdring' mein ganzes Sein,**
**daß man aus mir kann lesen**
**die große Liebe Dein!**
**Mach', daß ich hier auf Erden**
**durch Deiner Gnad' Gewalt**
**kann allen alles werden!**
**Komm, werd' in mir Gestalt! Amen.**
**O, Herr Jesu komm!**

## Ich bete an.

Mach dem Heiland im Tabernakel sooft du kannst einen Besuch und bete ihn an. Laß dich bestrahlen von Seinen wunderbaren „Gnadenstrahlen" an Leib und Seele!

**Herr und Heiland, ich bete Dich an im hochheiligen Sakrament, in allen Tabernakeln der Welt. Ich bete Dich an mit allen hei-**

**ligen Engeln und Seligen im Himmel, vor allem mit Deiner teuersten Mutter. Dürfte ich Dich anbeten im Namen aller Menschen mit jedem Pulsschlag bis zum letzten Herzensschlag! Die Strahlkraft Deines hochheiligen Fleisches und Blutes, so bitte ich Dich, möge mich an Leib und Seele erfüllen und durchdringen, heilen und heiligen. Amen.**

## Zum heiligen Geist

**O Gott, die Zeit ist voller Bedrängnis. Christus wird von vielen als Gott nicht mehr erkannt. Und doch – nie schritt Christus mächtiger durch die Zeit, nie war sein Kommen deutlicher, nie seine Nähe spürbarer, nie sein Dienst köstlicher als jetzt. Darum laßt uns in diesen Augenblicken des Ewigen, zwischen Sturm und Sturm in der Zeit zu Dir beten: „O Gott, Geist Gottes, Heiliger Geist! Du kannst das Dunkel erleuchten. Du kannst es allein. Amen.**

(Kardinal Newmann)

## Bete oft Stoßgebete!

Die Heiligen taten es, der Heiland wünscht es „Betet ohne Unterlaß“! (Lk 18, 1). Das kann in Gedanken geschehen, oder meist in längeren Gebeten, aber auch in kurzen Worten (Stoßgebete!). Die gesegnetsten Gebetsworte, die es gibt, sind außer dem Wort Gott die heiligen Namen

**Jesus, Maria, Josef.**

Sprich diese Namen recht langsam, ehrfürchtig und dankbar, oft bei Tag und auch bei Nacht. Es wird die ganze Strahlkraft dieser gnadenvollen Namen in dich einströmen und dich durchdringen und dich erfüllen. Du erhältst dadurch auch die besondere Gnadenkraft eines Ablasses. Ebenso bei dem Stoßgebet:

**Mein Jesus Barmherzigkeit.**

Barmherzigkeit für mich Sünder, für alle Leidenden, für alle Sterbenden, für alle armen Seelen im Fegfeuer immer wieder: Mein Jesus Barmherzigkeit!

**Mutter, ganz Dein eigen!**

Das ist eine immerwährende, vertrauende Hingabe an die allerbeste Mutter und schenkt viel Trost und Geborgenheit in ihrem Unbefleckten Herzen.

## Kennst du den Liebesakt?

Der göttliche Heiland lehrte der heiligmäßigen Schwester Consolata Betrone († 1947 in Turin) den sogenannten Liebesakt: „Jesus, Maria, ich liebe Euch, rettet Seelen“. Er bat die Schwester, diesen heiligen Liebesakt immerwährend zu beten.

Dadurch würden sehr viele Seelen gerettet. Erweitert dürfen wir ihn für unsere Zeit so beten:

**Jesus, Maria, Josef, ich liebe Euch.**
**Rettet Priesterseelen!**
**Rettet die Gottgeweihten.**
**Rettet alle Seelen.**
**Befreit die armen Seelen.**
**Ich bitte, diesen Liebesakt mit jedem Atemzug 1000 Mal wiederholen zu dürfen.**

Das ist ein unendlich gnadenvolles Gebet, gar wenn wir alle unsere Leiden und Bedrängnisse in diesen Liebesakt hineinlegen.

## Höchster Akt der Liebe!

Es gibt da und dort leidende Seelen, die bereit sind für die Erhaltung des Glaubens und für die heilige Kirche Gott ihr Leben anzubieten. Sie beten: **„Herr, wenn Du willst,**

**so nimm mein Leben, Ich gebe es gerne, damit unserem Volke der heilige Glaube erhalten bleibe und unsere heilige Kirche bald zum Siege gelange.“** Diese voll überlegte Hingabe-Bereitschaft ist ein Akt höchster Liebe. Er ist die heroische Vollendung eines christlichen Lebens. Dazu aber muß man viel heilige Gotteskraft erbitten.

## Segne Dich oft

Mache täglich am Morgen und Abend über Dich das Segenszeichen des heiligen Kreuzes und zwar recht langsam und ehrfürchtig und bete dabei:

**Die Strahlkraft des hochheiligen Kreuzes Jesu Christi durchströme mich, heile und heilige mich an Leib und Seele. Durch die Liebe des Vaters, durch die Liebe des Sohnes, durch die Liebe des Heiligen Geistes.**

## Segensspruch über andere

**Der Segen † des Vaters, die Liebe † des Sohnes und die Kraft † des Heiligen Geistes, der mütterliche Schutz der Himmelskönigin, der Beistand der heiligen Engel, die Fürbitte**

**der Heiligen, die Gottessehnsucht der Armen Seelen sei mit euch (dir, ihnen) und begleite euch (dich, sie) überall und allezeit. Amen.**

(Wenn du aus dem Hause gehst, nimm dir eine segnende Hand mit! Sag es den Vielen, die dir entgegenkommen, die mit dir beisammen sind, still in deiner Seele: Gott segne dich!)

Auch Laien dürfen segnen. Näheres erfährst du vom Marianischen Segenskreis, dem sich jeder anschließen kann. Adresse ist: Sekretariat des Marianischen Segenskreises, Südstraße 3, 5431 Bannberscheid

## Segen des heiligen Franziskus

**„Der Herr segne dich und bewahre dich. Er zeige dir sein Angesicht und erbarme sich deiner. Er wende dir sein Antlitz zu und gebe dir den Frieden!"**

## Um mehr Priester- und Ordensberufe
## Um wahrhaft heilige Priester

Was unsere heutige Zeit am dringendsten braucht, das sind nach Ansicht des Heiligen Vaters und aller Klarsehenden viele heilige

Priester, ganz erneuert im Sinne des II. Vatikanischen Konzils; Priester erfüllt vom Geiste Jesu Christi; Priester, durchglüht vom Heiligen Geist; demütige, dienende Marienpriester! Solche Priester würden eine baldige, heilsame Wendung herbeiführen. Um solche Priester müßte viel gebetet, gerungen und geopfert werden. Manche Gläubigen tun es; manche opfern sich in hingebender Weise dafür. Ihnen gebührt heiliger Dank. Auf sie wartet ein reicher Himmelssegen. „Du kannst zu keinem erhabeneren und segenswirksameren Werk beitragen, als zu beten und zu opfern für die Heranbildung guter Priester!"

(Pius XII.)

**Bete täglich ein Vaterunser um gute Prieter mit der Bitte am Schluß: „Herr sende Arbeiter in Deinen Weinberg! Tiefgläubige, demütige, opferbereite Priester, die sich ernstlich sorgen für das Heil der Seelen und dafür alles einsetzen."**

## Wichtiges Gebet um gute Mütter

**O Gott, gib uns gute, fromme, verständige Mütter, die ihrer Familie mit Umsicht und Hingabe vorstehen. Gib uns Mütter, die sich der Heiligkeit und Verantwortung ihrer Auf-**

gabe bewußt sind; die wissen, daß das Wohl oder Weh ganzer Nationen in ihrer Hand ruht und darum in beharrlichem Gebet um die nötige Kraft flehen, die ihnen anvertrauten Kinder durch Wort und Beispiel in heiliger Gottesfurcht und christlicher Zucht zu erziehen, daß sie treu zu unserer heiligen Kirche stehen und ihre Standes- und Berufspflichten mit größter Gewissenhaftigkeit erfüllen.

Alle lieben Heiligen, die ihr eure Heiligkeit nebst der Gnade Gottes vorwiegend einer frommen Mutter verdankt, bittet für unsere Mütter! Amen.

## Für die Kinder

Mein Gott, mein Schöpfer, hab' Erbarmen mit meiner Angst! Kindern das Leben zu geben ist nichts neben der Bürde und Aufgabe, Menschen aus ihnen zu machen! Wenn es Dir so gefällt, mein Gott, laß mich arbeiten und leiden, damit all meine Kinder Deiner würdig werden, damit sie so werden, wie Du sie willst! Amen.

(Lucie Christine)

## Weltweit beten lernen!

Göttliches Herz Jesu, ich bitte Dich, schenke den Seelen im Fegfeuer die ewige Ruhe; denen, die heute sterben, die Gnade der Beharrlichkeit; den Sündern wahre Reue; den Heiden das Licht des Glaubens; mir und den Meinen Deinen Segen! Liebevolles Herz Jesu, Dir empfehle ich alle diese Seelen. Für sie opfere ich alle Deine Verdienste auf, zugleich auch die Verdienste Deiner seligsten Mutter und aller Engel und Heiligen, sowie auch alle heiligen Meßopfer, alle Kommunionen, Gebete und guten Werke, die heute auf dem ganzen christlichen Erdkreis dargebracht und verrichtet werden.

(Hl. Pius X.)

## Litanei zum Kostbaren Blut
(sehr segensvoll)

**Herr, erbarme Dich unser!**
**Christus, erbarme Dich unser!**
**Herr, erbarme Dich unser!**
**Christus, höre uns!**
**Christus, erhöre uns!**
**Gott Vater im Himmel, erbarme Dich unser!**
**Gott Sohn, Erlöser der Welt,**

**Gott Heiliger Geist,**
**Heiligste Dreifaltigkeit, ein einiger Gott,**
**Blut Christi, des Eingeborenen des ewigen Vaters, rette uns!**
**Blut Christi, des menschgewordenen Wortes Gottes,**
**Blut Christi, des Neuen und Ewigen Bundes,**
**Blut Christi, in der Todesangst zur Erde geronnen,**
**Blut Christi, bei der Geißelung vergossen,**
**Blut Christi, bei der Dornenkrönung verströmt,**
**Blut Christi, am Kreuze ausgegossen,**
**Blut Christi, einzige Vergebung der Sünden,**
**Blut Christi, im Altarssakrament Trank und Reinigung der Seelen,**
**Blut Christi, Strom der Barmherzigkeit,**
**Blut Christi, Starkmut der Märtyrer,**
**Blut Christi, Kraft der Bekenner,**
**Blut Christi, Lebensquell der Jungfrauen,**
**Blut Christi, Stütze der Gefährdeten,**
**Blut Christi, Linderung der Leidenden,**
**Blut Christi, Trost der Weinenden,**
**Blut Christi, Hoffnung der Büßenden,**
**Blut Christi, Zuflucht der Sterbenden,**
**Blut Christi, Friede und Wonne aller Herzen,**
**Blut Christi, Unterpfand des ewigen Lebens,**
**Blut Christi, Erlösung aus den Tiefen des Reinigungsortes,**

**Blut Christi, aller Herrlichkeit und Ehre überaus würdig,**
**Lamm Gottes, Du nimmst hinweg die Sünden der Welt: verschone uns, o Herr!**
**Lamm Gottes, . . . erhöre uns, o Herr!**
**Lamm Gottes, . . . erbarme Dich unser, o Herr!**

## Blut Christi, Erbarmen!

Gar manche Eltern und Großeltern haben heute schwersten Kummer um Kinder und Enkel. Trotz guter religiöser Erziehung ist bei vielen nichts mehr da von Religion. Die Seelen dieser jungen Leute sind in großer Gefahr. Ihr lieben Eltern und Großeltern! Nehmt bitte flehentlich Zuflucht zu den heiligen Engeln der Euren; besonders aber zum Kostbaren Blut Jesu! Taucht die Seelen Eurer Kinder und Enkelkinder oft und tief in Jesu erlösendes, rettendes Blut.

Dieses Blut ist wirklich eine rettende Macht gegenüber der furchtbaren Dämonie, der unsere heutige Jugend ausgesetzt ist. Betet jeden Morgen und Abend mehrmals: **Blut Christi, Erbarmen! Erbarmen für ihre Seelen!** – Schaltet doch die übernatürlichen, himmlischen Kräfte vielmehr in Euer Leben ein!

Euer Vertrauen wird belohnt! Es beten viele Priester mit Euch.

## Zum Kostbaren Blut

**Ewiger Vater, ich opfere Dir auf das Kostbare Blut Jesu Christi zur Genugtuung für meine Sünden, für die Anliegen der heiligen Kirche und zum Troste der Armen Seelen.**

**Gnade und Erbarmen, o mein Jesus, in den gegenwärtigen Gefahren; bedecke uns mit Deinem kostbaren Blute. Amen.**

**O Jesus, rette durch Dein heilig Blut die Armen Seelen aus der Feuersglut! Amen.**

## Zur Schulterwunde Jesu

**„Mein allerliebster Jesus, Du sanftmütiges Gotteslamm! Ich sündiger Mensch will die allerheiligste Wunde verehren, die der schwere Kreuzesbalken tief in Deine Schulter schnitt. Du mußtest dadurch einen besonders grausamen Schmerz erdulden. Ich bete Dich an, schmerzerfüllter Jesus. Aus tiefster Seele danke ich Dir für das Erdulden dieser so schmerzhaften Wunde. Erbarme Dich um dieser überaus peinigenden, quälenden Wun-**

**de willen meiner sündigen Seele, die so sehr der Sühne bedarf! Vergib mir meine vielen Sünden, erhöre mich in all meinen Anliegen und führe mich auf Deinem heiligen Kreuzweg voran heim ins ewige Leben! Amen.“**

**(Uraltes Gebet)**

## So betete Anna Schäffer

Anna Schäffer, die Schreinerstochter von Mindelstetten (zwischen Neustadt und Ingolstadt), stürzte beim Einrichten eines Ofenrohres mit 18 Jahren in einen Waschkessel siedendheißer Lauge; sie machte 33 Operationen durch und lag 25 Jahre auf einem sehr schmerzensreichen Krankenlager. Am 5. Oktober 1925 starb sie eines heiligmäßigen Todes. Der Seligsprechungsprozeß für sie ist eingeleitet. Von ihr stammt das überaus trostvolle Wort: „Allen, die mich anrufen, werde ich helfen.“ Hier ein paar Gebete, die sie oft sprach:

**„Liebster Jesus, ich opfere alles Dir auf und danke für alles Kreuz und Leiden! Wenn ich auch nicht ein Viertelstündchen ohne Leiden bin, so habe ich alles in Liebe und Treue aufgenommen.“**

**„Herz Jesu, ich vereinige meine Leiden mit Deinem heiligsten Leiden, das Du Dein**

**ganzes Leben hindurch auf Dich genommen! Ich danke Dir für jede Leidensstunde!"**

**„Heiligstes Herz Jesu, all mein Vertrauen ruht in Dir.**

**„Jesus, laß mich, wenn Du willst, ein Sühnopfer werden! Mache mit mir, was Du willst!"**

**„Maria, Mutter der Gnade, Deine Heiligkeit ist nach Gott die höchste. Darum ist auch Deine Mutterliebe zu uns armen Sündern die größte. Laß Jesus in uns zunehmen, handeln und herrschen!"**

**„Heiliger Schutzengel, Dir empfehle ich jeden Augenblick meine arme Seele. Nimm sie in Deinen Schutz!"**

Das Buch A. M. Weigl, „Geschichte einer Liebe", Grignionverlag 8262 Altötting, ist ein wahres Trostbuch. Es berichtet ausführlich über ihr Leben.

**„Du mein Engel Gottes**

**Weiche, weiche nicht von mir!**
**Führe mich durchs Tal der Mängel**
**Bis hinauf, hinauf zu dir!**
**Laß mich hier auf dieser Erde**
**Deiner Führung würdig sein.**
**Daß ich stündlich besser werde!**
**Nie darf mich ein Tag gereun . . ."**

### In großer Verlassenheit

**Mein hilfreicher, guter Engel, dem Gott die Not meines Lebens und meiner Seele ans Herz gelegt hat, bitte Gott mit deiner ganzen Kraft, daß er mir barmherzig sei und dieses Kreuz von mir nehme oder doch erleichtere, daß ich nicht darunter zerbreche. Zeige mir in deiner Güte die Tür des himmlischen Vaterhauses, wo alle Not ein Ende hat. Erbitte mir die Kraft, den Weg des Kreuzes zu gehen, wie lange Gott will und wie Gott will und wohin Gott will. Amen.**

### Das Ave Maria, der „Englische Gruß"

ehrt die Gottesmutter am allermeisten. Es ist mit dem Vaterunser verbunden wie die Mutter mit ihrem Sohn. Dies Gebet sprach in seinem ersten Teil Sankt Gabriel, der Bote des Himmels, und ergänzte Sankt Elisabeth, die Mutter des heiligen Johannes. In seinem zweiten Teil (Heilige Maria ... bitt für uns ...) betet es die Mutter Kirche seit vielen Jahrhunderten. Es erklingt mit dem Vaterunser in vielen Sprachen auf dem weiten Erdenrund. Beten wir es oft! Dankbar und kindlich liebend! Der heilige Alfons von Liguori sagte einmal: „Ein einziges Ave Maria wiegt mehr als die ganze Welt."

**Ave Maria! – Gegrüßet seist du, Maria, voll der Gnade. Der Herr ist mit dir. Du bist gebenedeit unter den Frauen, und gebenedeit ist die Frucht deines Leibes, Jesus.**

**Heilige Maria, Mutter Gottes, bitte für uns Sünder jetzt und in der Stunde unseres Todes. Amen.**

## Hingabe des Lebensabends an Maria

Wir beten mit dem heiligen Bernhard:

**Heilige Jungfrau Maria, meine Mutter, es ist mir ein großer Trost, Dir meinen Lebensabend weihen zu dürfen. Ich will diese letzten Lebensjahre ganz eins verleben mit Deinen Lebensjahren, die so heilig gewesen sind. Ich bitte Dich, diese meine Hingabe an Dich, teuerste Mutter, anzunehmen für die Zeit, die mir Gott noch schenkt, für all die Opfer und Mühen, die mich täglich erwarten, aber auch für die Freuden die mir noch geschenkt werden. Möge alles durch Dich geheiligt werden. Du Mutter meines Herrn und Gottes, breite über den Ausklang meines Lebens einen Widerschein Deines so gnadenvollen Heimgangs. Nimm mich in der Stunde mei-**

**nes Scheidens auf in Deine mütterlichen Arme. Ich bitte Dich für alle Christenseelen um den gleichen Segen für ihren Lebensabend und ihr Hinscheiden. Amen.**

(Etwas vom Trostvollsten in unserem christlichem Leben ist und bleibt die vollkommene Hingabe an die liebe Gottesmutter und das Leben aus dieser Weihe heraus)

## Du Mutter aller Menschen

**Maria, Mutter Jesu und meine Mutter, Du bist die Mutter aller Menschen. Deine Liebe umfängt die ganze Welt. Bitte segne alle Menschen auf Erden, besonders jene, die den Segen am notwendigsten brauchen. Segne alle Kranken und Leidenden, alle Alten und Einsamen, alle Verzagenden und Verzweifelten, alle Sterbenden, besonders die sterbenden Todsünder, segne alle im Mutterleib gemordeten Kinder und alle Ungetauften. Erbitte ihnen um des Blutes Jesu willen die heilige Taufe. Segne alle, die ihren Glauben und ihren Beruf verraten haben, daß sie wieder zurückkehren. Tauche sie alle in das rettende Blut Deines Sohnes. Amen.**

## Zeig Du mir den rechten Pfad

**Mutter mit dem Jesuskinde,
Mutter Du vom guten Rat.
Wenn ich keinen Ausweg finde,
Zeig Du mir den rechten Pfad!**

## Hilf, Maria, es ist Zeit!

**Hilf, Maria, hilf doch mir,
es fleht ein armes Kind zu dir.
Du bist es ja, die helfen kann,
nimm dich, Mutter, meiner an.
Hilf, Maria, es ist Zeit,
Mutter der Barmherzigkeit.**

**Du bist mächtig, uns aus Nöten
und Gefahren zu erretten,
denn, wo Menschenhilf' gebricht,
mangelt doch die deine nicht.
Hilf, Maria, es ist Zeit,
Mutter der Barmherzigkeit.**

**Nein, du kannst das heiße Flehen
deiner Kinder nicht verschmähen.
Zeige, daß du Mutter bist,
wo die Not am größten ist!
Hilf, Maria, es ist Zeit,
Mutter der Barmherzigkeit.**

## O Maria,

schön wie der Mond, strahlend wie die Sonne, in deren Antlitz die Seligen schauen und die Engel sich widerspiegeln, mache, daß wir, deine Kinder, dir ähnlich werden. Laß unsere Seelen einen Strahl deiner Schönheit aufnehmen, der mit den Jahren nicht untergeht, sondern neu aufleuchtet in der Ewigkeit.

## Alle Sorgen, alle Leiden

Liebe Mutter Gottes! Alle Sorgen und Nöte meines Alters, alle Schmerzen und alle Einsamkeit, alle Zurücksetzung und Verkennung lege ich auf den Opferaltar Deines schmerzhaften Herzens. Vereint mit all den vielen Opfern, die Du selber gebracht hast und vereint mit den Opfern Deines göttlichen Sohnes bringe sie dem himmlischen Vater dar zu meiner Heiligung und zur Heiligung vieler Seelen.

## Zur Königin der Engel
## Zur Besiegerin Satans

„Hehre Königin des Himmels, höchste Herrin der Engel, du hast von Anbeginn von

**Gott die Macht und die Sendung erhalten, den Kopf der höllischen Schlange zu zertreten. Wir bitten dich demütig, sende deine himmlischen Legionen; damit sie unter deinem Befehle und durch deine Macht die bösen Geister verfolgen, sie überall bekämpfen, ihre Verwegenheit zuschanden machen und sie in den Abgrund zurückstoßen.**

## Der Rosenkranz – dein Freund

Er ist ein Leitseil im Leben und ein rettend' Seil im Sterben. Jahrhunderte beten ihn bereits. Bete auch Du ihn, wenigstens ein Gesetzchen am Tag. Er wird Dein großer Tröster und Leidüberwinder sein. Überdenk' die wunderbaren Geheimnisse, die freudenreichen, die schmerzhaften und glorreichen, die Dich in das Leben Jesu und Mariens hineinführen. Nimm dazu auch die neuen trostreichen Geheimnisse:

**Jesus, der als König herrscht**
**Jesus, der in seiner Kirche lebt und wirkt**
**Jesus, der wiederkommen wird in Herrlichkeit**
**Jesus, der richten wird die Lebenden und Toten**
**Jesus, der alles vollenden wird.**

In der gegenwärtigen Bedrängnis der heiligen Kirche ist der Rosenkranz eine mächtige, siegreiche Waffe gegen den Teufel und all' seine Helfer. Bete ihn darum! Meine alte, kranke Mutter hat ihn täglich siebenmal gebetet.

**Es bringt dir viel Segen,**

**wenn du täglich auch den Engel des Herrn treu betest und zwar in Dankbarkeit gegen die unendlich große Liebe des Vaters und des Sohnes und des Heiligen Geistes und in liebender Verehrung der seligsten Jungfrau Maria. Auf ihr Fiat hin (Mir geschehe nach Deinem Wort) geschah die gnadenreiche Menschwerdung des Gottessohnes, für die wir täglich danken müssen.**

**Heiliger Josef, ich befehle**

**Freud und Leiden, Hab und Gut,**
**meinen Leib und meine Seele**
**voll Vertrauen deiner Huld.**
**Bin dein Kind, o hab Erbarmen!**
**Trag auch mich auf deinen Armen,**
**drauf das Gotteskind geruht!**

**„Man hat noch nie gehört . . .“**

**Heiliger Josef, du reinster Bräutigam der Jungfrau Maria, mein liebevoller Beschützer! Denk daran, man hat noch nie gehört, daß einer, der deinen Beistand anrief, der zu dir um Hilfe flehte, ohne Trost geblieben ist. Mit diesem Vertrauen komme ich zu dir und empfehle mich mit Inbrunst dir an. Verschmähe meine Bitten nicht, Pflegevater des Heilands, nimm sie in Güte auf! Amen.**

(Pius IX.)

**„Heiliger Josef, Nährvater Jesu Christi und wahrer Bräutigam der allerseligsten Jungfrau Maria, bitte für uns und für die Sterbenden dieses Tages – dieser Nacht!“**

Bruder, Schwester! Wir brauchen mehr Beter, mehr Liebende, zumal wir selbst tägliche Todeskandidaten sind.

**Die Erzbruderschaft vom Hinscheiden des heiligen Josef**

ist ein großer Segen

Um dieser Erzbruderschaft anzugehören, genügt es, sich entweder im Kloster St. Trudpert, 7816, Post Münstertal, oder Kanisiuswerk, CH-1701 Freiburg/Schweiz, anzumelden. Man schreibe dorthin seinen Vor- und Zunamen, seinen Wohnort und die Diözese, zu der man gehört. Diese kostenlose Anmeldung gilt als Aufnahme in die Bruderschaft. Es besteht lediglich die Pflicht, jeden Morgen und Abend obiges Bruderschaftsgebet zu verrichten. Bei etwaigen Vergessen würde man keine Sünde begehen.

## Litanei zum heiligen Josef

**Herr, erbarme Dich unser!**
**Christus, erbarme Dich unser!**
**Herr, erbarme Dich unser!**
**Christus, höre uns!**
**Christus, erhöre uns!**
**Gott Vater vom Himmel,**
**erbarme Dich unser!**
**Gott Sohn, Erlöser der Welt**
**Gott Heiliger Geist**
**Heilige Dreifaltigkeit, ein einiger Gott**
**Heilige Maria, bitte für uns!**
**Heiliger Joseph**
**Du erlauchter Sproß Davids**
**Du Licht der Patriarchen**
**Du Bräutigam der Gottesmutter**
**Du keuscher Beschützer der Jungfrau**

**Du Nährvater des Sohnes Gottes**
**Du sorgsamer Beschützer Christi**
**Du Haupt der heiligen Familie**
**Du gerechter Joseph**
**Du reiner Joseph**
**Du starkmütiger Joseph**
**Du gehorsamer Joseph**
**Du treuer Joseph**
**Du Spiegel der Geduld**
**Du Freund der Armut**
**Du Vorbild der Arbeiter**
**Du Zierde des häuslichen Lebens**
**Du Beschützer jungfräulicher Seelen**
**Du Stütze der Familien**
**Du Trost der Bedrängten**
**Du Hoffnung der Kranken**
**Du Patron der Sterbenden**
**Du Schrecken der bösen Geister**
**Du Schutzpatron der heiligen Kirche.**

Lamm Gottes, Du nimmst hinweg die Sünden der Welt. – Verschone uns, Herr!

Lamm Gottes, Du nimmst hinweg die Sünden der Welt. – Erhöre uns, Herr!

Lamm Gottes, Du nimmst hinweg die Sünden der Welt. – Erbarme Dich unser!

V. Er hat ihn bestellt zum Herrn seines Hauses.

R. Zum Verwalter Seines ganzen Besitzes.

Lasset uns beten! Gott, Du hast in Deiner unendlich weisen Vorsehung den heiligen Joseph zum Bräutigam Deiner heiligsten Mutter auserwählt. Wir bitten Dich: Da wir ihn hier auf Erden als Beschützer verehren, gib, daß wir ihn auch im Himmel zum Fürbitter haben dürfen! Du lebst und herrschest als Gott in Ewigkeit. Amen.

Denkt auch ans Gutes tun!

**In den Missionsländern herrscht heute noch vielfach unbeschreiblich große Not. Dort haben Millionen nicht einmal das Allernotwendigste. Hunderttausende gehen täglich zugrunde an Hunger, an Aussatz, an himmelschreiender Armut wegen jahrelanger Dürre. Man läßt Christus in den Armen verhungern Dringend not tut die Unterstützung von Misereor, Adveniat und die Hilfe für Missionshäuser die das Geld für die Ärmsten weiterleiten. Es gibt oft kleine Leute, die sich manchen Hunderter und noch mehr ersparen und für die Missionen geben. Das ist etwas ganz Großes.**

Ich selber durfte bereits sechsmal mit Hilfe von Wohltätern an 500 Missionare, Missionsbrüder und Schwestern Päckchen mit

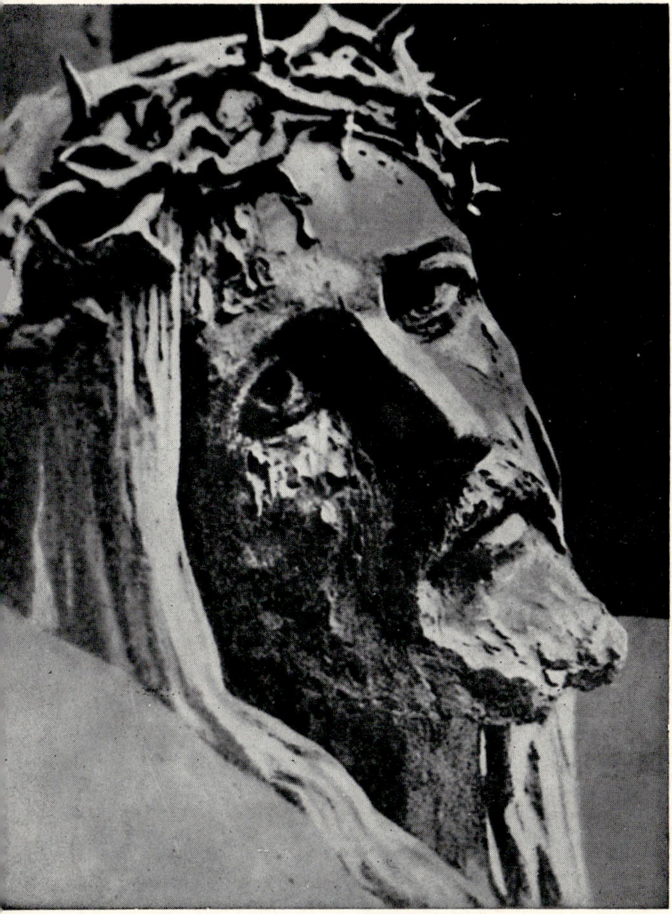

**Dein göttliches Antlitz leuchte uns,**
**leuchte allen Sterbenden!**
**Schenk Erbarmen, o Herr!**

**„Wüßtet ihr doch, wie sehr ich euch liebe!"**
**Gemälde aus dem Kloster der Heimsuchung in Wien**

**Mutter mit dem göttlichen Kind,**
**rette uns durch die Wirren der Zeit!**

**(Madonna von Münsterschwarzach)**

**Mutter vom Guten Rat,**
**zeig uns allen den rechten Pfad!**

Büchern und Schriften schicken. Groß ist der Jubel und die Freude darüber. Bekommen doch diese so opfertreuen Missionskräfte ganz selten Bücher-Sendungen; und sie brauchen doch viel Ermutigung, Trost und Stütze in ihrem so schweren Beruf. Ich könnte Euch viele Hunderte Dankbriefe aus den Missionen zeigen. Das Gebet, die vielen Opfer und die Leiden der Missionare sind der schönste Dank dafür. Darum Gutes tun zu Lebzeiten! Die Vergelts-Gott wiegen tausendmal mehr als einmal die schönsten Grabansprachen.

**Bitte, helft das „Vergeltsgott" wieder zu Ehren bringen. Ich schätze es gar sehr.**

## Meine lieben kranken Brüder und Schwestern!

Bitte verzagt nicht in den Tagen der Krankheit und der Prüfungen, die Euch und Euere Angehörigen treffen. Leiden sind kostbare Gnadengeschenke Gottes. Wir dürfen dadurch Buße und Sühne leisten für unsere Sünden und Gottes Barmherzigkeit herabrufen auf andere. Immer wieder bittet die liebe Gottesmutter an all ihren Erscheinungsorten um Gebet, Buße und Sühne zur Rettung der Sünder. Sie sagte in Fatima wörtlich: „Es gehen so viele verloren, weil sie niemand haben, der für sie betet und opfert“! Hören wir doch auf Ihre inständige, mütterliche Bitte! Nehmen wir unser Kreuz geduldig an! Zum Troste aber lies, was ein großer Heiliger gerade auch für dich geschrieben hat, der heilige Franz von Sales:

## Dein Alltags-Kreuz

**Gottes ewige Weisheit hat dir dein Kreuz gegeben als Sein kostbarstes Geschenk. Bevor Er dir dieses Kreuz schickte, hat Er es gemustert mit Seinem allwissenden Auge. Er hat es durchdacht mit Seinem göttlichen Verstand. Er hat es geprüft mit Seiner weisen Gerechtigkeit, durchwärmt mit liebendem Erbarmen. Er hat dein Kreuz gewogen mit Seinen beiden Händen, ob es nicht einen Millimeter zu groß, ein Milligramm zu schwer sei. Dann hat Er es noch gesegnet mit Seinem heiligen Namen, gesalbt mit Seiner Gnade, durchhaucht mit Seinem Troste. So kommt dein Kreuz aus dem Himmel als ein Gruß des gütigen Vaters.**

(Hl. Franz von Sales)

## Wir sind nur Gast auf Erden

**Und wandern ohne Ruh'**
**Mit mancherlei Beschwerden**
**Der ewigen Heimat zu.**

**(Georg Thurmayer)**

Unser Leben ist ein Heimwärtswandern ins ewige Vaterhaus. Aus Nacht zum Licht, zum ewigen Licht. Zur ewigen Liebe; heim ans Vaterherz Gottes.

## In Reue bekenne ich:

**daß ich im Leben oft gesündigt habe, in Gedanken, Worten und Werken, auch in meiner Krankheit.**

**Himmlischer Vater, wie war ich oft mißtrauisch meinen Angehörigen gegenüber, auch damals, als sie mich Kranken zum Arzt brachten, und dieser mich bat, ins Krankenhaus zu gehen. Ich war ungerecht in meinem Urteil: „Die wollen mich jetzt alle loshaben; ich bin ihnen eine Last!" Ich war wirklich gehässig und nörgelte ungerechter Weise. Wie oft habe ich die gutgemeinten Ratschläge und Anordnungen der Aerzte ignoriert! Wie oft die mit Arbeit überlasteten Kranken-**

**schwestern und das Pflegepersonal wegen jeder Kleinigkeit in Anspruch genommen! Wie oft war ich ungeduldig, wenn sie nicht gleich meine Wünsche erfüllten! Ich dachte nur an mich und nicht auch an die vielen anderen Kranken. Ich sehe das alles ein. Mein himmlischer Vater, verzeihe mir. Hilf mir mein Ich mehr zurückstellen. Mit Deinem göttlichen Sohne lehre mich sprechen: Nicht mein Wille geschehe, sondern der Deine, Vater!**

## Niemand braucht verzweifeln

Nein, niemand braucht verzweifeln und niemand geht verloren, auch der größte Sünder nicht, wenn er sich voll Reue in Gottes Arme wirft und voll Vertrauen spricht: „Sei mir Sünder gnädig“. Die liebe Gottesmutter, die Mutter der Barmherzigkeit, hilft jeden retten, der sich retten läßt.

## Herr, gib Geduld!

**Mein himmlischer Vater, Du Spender und Erhalter meines Lebens, schwer liegt Deine Hand auf mir. Ich bitte Dich inständig, laß mich nicht verbittert werden in meiner kör-**

perlichen und seelischen Not. Du bist immer noch mein allerbester Vater.

Laß mich nicht ungeduldig werden gegen meine Angehörigen, die ja auch unter meinem Kranksein schwer leiden müssen!

Laß mich nicht ungeduldig werden gegen die Pflegepersonen im Krankenhaus, die oft überlastet und ermüdet sind!

Mein bester Vater, gib mir Geduld, gib mir Kraft zum Durchhalten! Stärke mich durch Deinen heiligen Engel, um Deines gekreuzigten Sohnes willen! Amen.

## Vater, jetzt schon.

Himmlischer Vater, jetzt schon nehme ich jede Art des Todes, mit all seinen Aengsten, Leiden und Schmerzen aus Deiner Vaterhand ergeben und bereitwillig an. Führ' mich, bitte, an der Hand Deines Göttlichen Sohnes und an der Hand der Mutter der Barmherzigkeit durch das dunkle Tor des Todes ins himmlische Vaterhaus! St. Josef und St. Michael mögen alle höllischen Angriffe in dieser Stunde abwehren. Ich bitte Dich, gütigster Vater, diesen Akt des Vertrauens und der Hingabe stellvertretend für alle Sterbenden des heutigen Tages und der heutigen Nacht aufopfern zu dürfen. Amen.

Laß uns in keiner Todsünd' sterben!

O Maria hilf, o Maria, hilf doch mir!
Ein armer Sünder kommt zu dir.
Im Leben und im Sterben
Laß uns nicht verderben!
Laß uns in keiner Todsünd' sterben!
Steh uns bei im letzten Streit,
O Mutter der Barmherzigkeit!

(Dieses ehrwürdige „Altöttinger Wallfahrtsgebet“ wird jährlich von vielen hunderttausend Pilgern an heiliger Stätte gebetet.)

## Kindliche Bitte an Maria

Maria, liebste Mutter mein,
Ich lad' zu meinem Tod dich ein;
Schlägt einstens meine letzte Stund',
So suche ich dich in der Rund'.
O laß mich nicht vergebens fleh'n!
Woll' helfend mir zur Seite steh'n!

Maria, liebste Mutter mein,
Ich flehe innig: Find dich ein!
Nimm du im letzten Todesschmerz
Dein müdes Kind ans Mutterherz,
An dem ich ja so oft und gut
In manchem Leid und Weh geruht.

Maria, liebste Mutter mein,
Ich weiß, du läßt mich nie allein.
Und wenn das Herz mir sterbend bricht,
Begleite du mich ins Gericht!
Beim Sohne lege Fürbitt' ein
Für mich, geliebte Mutter, mein.

## Bewahrung vor einem plötzlichen Tod!

Mildreicher Herr Jesus, wir bitten Dich: Um Deiner Todesangst, Deines blutigen Schweißes und Deines Hinscheidens willen, bewahre uns vor einem plötzlichen, unvermuteten Tode! Gütiger Herr Jesus, in Demut bitten wir Dich: Um Deiner grausamen, schmachvollen Geißelung und Dornenkrönung, Deines Kreuzes und bitteren Leidens willen laß in Deiner Güte nicht zu, daß wir unvermutet ohne die heiligen Sakramente sterben! Lieber Herr Jesus, Deine letzten Worte am Kreuze waren: Mein Gott, mein Gott, warum hast Du mich verlassen? Und: Vater, in Deine Hände befehle ich meinen Geist. Inständig bitten wir Dich: Um aller Deiner Leiden und Schmerzen, Deines kostbaren Blutes und Deiner hochheiligen Wunden, um Deiner letzten Worte am Kreuze willen bewahre uns vor einem plötzlichen

Tode! Laß uns Zeit zur Buße, gib, daß wir glücklich scheiden in Deiner Gnade, damit wir Dich dann ewig lieben, loben und preisen können. Amen.

(Leo XIII.)

Vater unser. Gegrüßet seist du, Maria. Ehre sei dem Vater.

### Kurzgebete in der Krankheit

Vater, in Deine Hände befehle ich meinen Geist!

Herr, sei mir armen Sünder gnädig!

Herr, bleibe bei mir, denn es will Abend werden!

Herr, auf Dich habe ich gehofft, in Ewigkeit werde ich nicht zuschanden werden.

Jesus, sei mir gnädig; Jesus, sei mir barmherzig, Jesus, verzeih mir meine Sünden!

Jesus, Dir leb' ich; Jesus, Dir sterb' ich; Jesus, Dein bin ich im Leben und im Tode!

Jesus, Maria, Joseph, euch schenke ich mein Herz und meine Seele.

Jesus, Maria, Joseph, steht mir bei im letzten Streite!

Jesus, Maria, Joseph, laßt meine Seele mit euch in Frieden scheiden!

**Ja Vater! Dein Wille geschehe, nicht der meine!**

**O, mein Jesus verzeih' uns unsere Sünden; bewahre uns vor dem Feuer der Hölle! Führe alle Seelen in den Himmel, auch jene, die Deiner Gnade am meisten bedürfen.**

**So nimm denn meine Hände und führe mich bis an ein selig Ende gnädiglich.**

## Die Gnade der Krankensalbung

Der Herr hat seiner Kirche das große, heilige Sakrament der Krankensalbung (hl. Ölung) vermacht. Durch den Apostel Jakobus ist sie verkündet und empfohlen worden (Jakob. 5, 14). In diesem Sakrament empfängt der Kranke viel Hilfe und Heil für Leib und Seele, besonders gegenüber den Versuchungen des Bösen und der Angst vor dem Tod. Oft auch die Gesundheit, wenn ihm das zum Heile ist. Außerdem schenkt das Sakrament, wenn noch erforderlich, die Vergebung der Sünden.

Empfangen sollen und dürfen dieses Sakrament alle Gläubigen, die sich wegen Krankheit oder Altersschwäche in einem bedrohlichen Gesundheitszustand befinden; auch vor einer Operation. Selbst Kinder, sobald sie zu erfassen vermögen, daß sie durch dieses Sakrament Stärkung und Hilfe erfahren können. **Besonders aber die alten Leute, die altersgeschwächt sind, aber doch noch aufsein können und sogar in die Kirche gehen können. Bitte benützt, ihr lieben alten Leute, diese große Gnade und wartet nicht bis Ihr sterbenskrank seid mit dem Empfang dieses gnadenreichen Sakramentes. Es genügt als Grund für den Empfang lediglich die Altersschwäche. Euer Vertrauen wird reich belohnt.**

### Wie wird sie gespendet?

Im Krankenzimmer sollen, wenn möglich, ein weißgedeckter Tisch, brennende Kerzen, ein Kreuz (auf dem Tisch oder an der Wand) und Weihwasser bereitgestellt werden.

Nach der Begrüßung fordert der Priester zum gemeinsamen Schuldbekenntnis auf. (Die Einzelbeichte sollte, wenn möglich, schon vorher abgelegt werden). Darnach folgt eine Lesung aus der Heiligen Schrift. Anschließend kommen wertvolle Fürbitten für den Kranken und eine Lobpreisung auf den erbarmenden Gott im Himmel. Dann nimmt der Priester das heilige Öl und salbt den Kranken auf der Stirn und auf den Händen. Er spricht bei der Salbung auf der Stirn: **„Durch diese heilige Salbung helfe dir der Herr in Seinem Erbarmen! Er stehe dir bei mit der Kraft des Heiligen Geistes! Amen."**

**Bei der Salbung auf den Händen:**

**Der Herr, der dich von Sünden befreit, rette dich! In Seiner Gnade richte er dich auf! Amen."**

Dann spricht er die Oration: **„Lasset uns beten" Wir bitten dich, Herr, unser Erlöser, durch die Gnade des Heiligen Geistes hilf diesem Kranken in seiner Schwachheit! Heile seine Wunden und verzeihe ihm die Sünden! Nimm von ihm alle geistigen und körperlichen Schmerzen und mache ihn gesund an Leib und Seele, damit er sich wiederum seinen Aufgaben widmen kann! Der Du lebst und herrschst in Ewigkeit Amen."**

Zum Abschluß beten alle das Vaterunser. Wenn der Kranke zu kommunizieren wünscht, dann geschieht es jetzt. Die stille Feier schließt mit dem Segen des Priesters. Der Herr schenke uns allen diese Gnade!

## Um einen guten Heimgang

**O mein Herr und Heiland, stärke mich in der Stunde meines Todes durch die starken Waffen Deiner heiligen Sakramente und durch den erfrischenden Duft Deiner Tröstungen! Gib, daß die Worte der Lossprechung über mich gesprochen werden, das heilige Öl mich bezeichne und besiegle und Dein eigener hochheiliger Leib meine Nahrung und Dein Blut mir Trank sei! Deine süße Mutter Maria stehe mir bei, mein Engel spreche Worte des Friedens zu mir und meine heiligen Patrone mögen mir zulächeln, daß ich mit ihnen und durch sie die Gnade der Beharrlichkeit erlange und sterbe, wie ich zu leben wünsche, in Deinem Glauben, in Deiner Kirche, in Deinem Dienst und in Deiner Liebe! Amen.**

(Kardinal Newman)

## Tägliches Gebet für die Sterbenden

**Jesus, der Du die Seelen so innig liebst, ich bitte und beschwöre Dich durch den Todeskampf Deines heiligsten Herzens und die Schmerzen Deiner heiligsten Mutter, reinige in Deinem Blute alle Sünder der ganzen Welt,**

**die jetzt im Todeskampf liegen und heute noch sterben werden!**

**Göttliches Herz Jesu, das Du die Todesangst erlitten hast, erbarme Dich der Sterbenden! Amen.**

**3 Gegrüßt seist Du Maria**

## Ein Trost für alle Kranken und Sterbenden

Das ist die Wunderbare Medaille der lieben Gottesmutter und das Skapulier ihres Unbefleckten Herzens, das sogenannte „Grüne Skapulier". Man soll beide bei sich tragen oder am Bett anbringen. Nähere Auskunft über ihre segensreiche Wirkung erhältst du im St. Grignionverlag, 8262 Altötting. Dort kannst du Medaillen und Grüne Skapuliere gegen einen Unkostenbeitrag erbitten.

## Ein Kreuz in deine Hand

Auf deinem Krankenlager solltest du auch ein geweihtes Kreuzlein bei dir haben und es oft ehrfürchtig betrachten und liebend küssen! Dann wird die Strahlkraft des hochheiligen Kreuzes deinen kranken Körper und deine Seele durchströmen und dich stärken, stützen und heiligen, auch alle teuflischen Mächte bannen helfen. Groß ist die Macht des heiligen Kreuzes. Glauben wir viel mehr daran!

## Mit Jesus trage ich mein Kreuz.

**Herr, Du hast gesagt: „Wer mein Jünger sein will, nehme täglich sein Kreuz auf sich und folge mir nach!“ Dieser steile Pfad führt sicher ins himmlische Vaterhaus.**

**Du berufst uns Menschen zur ewigen Herrlichkeit. Aber uns führt nur der Kreuzweg zum Himmel. Sogar Du, Herr, mußtest leiden und als Gott-Mensch so in Deine Herrlichkeit eingehen. Dein Leiden will ich immer innig verehren. Die Kreuzwegandacht schenkt mir viel Kraft und Trost. Wie in einem Spiegel schaue ich in den einzelnen Stationen die Leiden meines Lebens. Für alle meine Lebensnöte bist Du mir ein Vorbild. Ich will allezeit Dein Leiden in meinem Herzen tragen, aber auch die glaubensfrohe Zuversicht, daß über allem Leid der Glanz der Auferstehung leuchtet, auch über meiner Auferstehung dereinst zum ewigen Leben.**

## Ein beseligendes Wort des Herrn

Ich gehe hin, um Euch einen Platz zu bereiten, und ich werde Euch zu mir holen, damit auch Ihr seid, wo ich bin.

(Joh 14, 2–3)

## Die Ganzhingabe des Lebens

H. H. Pfarrer Fischl schreibt so schön: Meine Mutter hat mich 1907, da ich als Student todkrank war, gelehrt, nicht um Gesundheit zu beten, sondern daß Gottes heiliger Wille an mir geschehe. Ich habe das damals und seither oft und oft getan, wo ich durch schwere Krankheiten der Ewigkeit sehr nahe war. Jetzt und schon lange bete ich bei der heiligen Messe: „Heiland mache mit mir was Du willst, aber laß keinen Menschen aus meiner Gemeinde verloren gehen. Ich bin jederzeit bereit, Dir, Heiland, dafür mein Leben zu schenken . . ." – Nun bin ich über 85 Jahre alt geworden und sogar wieder recht arbeitslustig, obwohl ich fast blind bin. – Macht es auch so: Sagt oft zum Heiland: Jesus, ich will mich ganz aufopfern für meine Kinder, für alle meine Lieben, daß keines von ihnen verloren geht. Lieber soll es mir nicht gut gehen, als daß eins meiner Lieben verdammt wird."

Dann wird der Heiland im Sterben unbeschreiblich mild mit euch sein. Er hat ja versprochen: „Eine größere Liebe gibt es nicht, als daß jemand sein Leben hingibt für seine Freunde! . . . Das ist ein einfaches, aber absolut sicheres Mittel gut zu sterben. Allerdings ein wenig Mut, Glaube und Liebe gehört zu einer solchen Ganzhingabe in den Willen Gottes dazu. Liebe Mutter vom Guten Rat, erbitte uns allen diese große Gnade! Nicht alle fassen es, sondern nur die, denen es gegeben ist, sagt der Heiland.

### Aus den Totengebeten des Meßbuches

O Gott, dem alles lebt, und dem unser Leib, wenn er stirbt, nicht verlorengeht, sondern zu Größerem sich wandelt, wir flehen Dich an und bitten Dich, verzeihe in Milde und Barmherzigkeit, was die Seele Deines Dieners, (Deiner Dienerin) durch des Satans Trug und durch eigene Bosheit und Schwäche gegen Deinen Willen sündigend auf sich geladen, und mache sie rein! Laß Deine heiligen Engel sie in das Reich des Himmel geleiten, wo weder Schmerz ist, noch Trauer, noch Klage, wo die Seelen Deiner Gläubigen in seliger Freude frohlocken! Amen.

## Für alle Verstorbenen

Daß Du Dich aller verstorbenen Christgläubigen gnädig erbarmen wollest – Wir bitten Dich erhöre uns!

Daß Du ihnen Anteil an allen guten Werken der Christenheit schenken wollest.

Daß Du allezeit unser Gebet für sie erhören wollest

Daß Du sie durch Deine heiligen Engel trösten wollest

Daß Du sie durch Deinen heiligen Erzengel Michael zum ewigen Lichte führen wollest

Daß Du die Seelen, deren Leiden wir mitverschuldet haben, erlösen wollest!

Daß Du Dich besonders der Armen Seelen, deren niemand mehr auf Erden gedenkt, erbarmen wollest!

Daß Du allen Christgläubigen barmherzige Liebe zu ihnen geben wollest

Daß Du unsere Eltern, Verwandten und Freunde aus dem Orte der Läuterung befreien wollest!

Daß Du unsere verstorbenen Seelsorger und Vorgesetzten in das ewige Licht führen wollest!

Daß Du unseren verstorbenen Lehrern und Erziehern die ewige Ruhe schenken wollest!

**Daß Du unsere verstorbenen Wohltäter mit Deiner Herrlichkeit belohnen wollest! – Wir bitten Dich erhöre uns!**
**Daß Du alle Verstorbenen unserer Gemeinde in Deine selige Gemeinschaft aufnehmen wollest!**
**Daß Du allen Seelen der verstorbenen Christgläubigen die ewige Ruhe schenken wollest!**
**Du Königin der Herrlichkeit!**
**Jesus, Du Sohn Gottes!**

Ihr lieben Kranken und alten Leute bitte betet viel für die Verstorbenen. Helft den Armen Seelen durch Weihwasser, Rosenkranz, heilige Messen und heilige Kommunion.

## Ein guter Rat

Tauchen plötzlich in Deiner Erinnerung die Namen von Verstorbenen auf, dann kannst du nichts Besseres tun, als die Seelen dieser Verstorbenen sofort in Jesu heiliges Blut zu tauchen. Sind sie bereits im ewigen Lichte Gottes, dann wird dadurch ihre Glorie vermehrt. Sind sie noch am Ort der Reinigung als Arme Seelen, dann kommt ihnen das läuternde und verklärende Blut Christi sehr zustatten. Du darfst ihnen viel helfen durch Deine Liebe. Tauche Verstorbene, aber auch Lebende immer wieder in Jesu Kostbares Blut! Es hat erlösende Macht.

## Das heilige Meßopfer

Der Wert einer einzigen heiligen Messe

**„Soviel gilt die Feier der heiligen Messe wie der Tod Christi am Kreuze." (Hl. Joh. Chrysostomus)**

**„Viel eher könnte die Welt ohne Sonne bestehen als ohne die heilige Messe." (P. Pio)**

**„Eine im Leben mitgefeierte heilige Messe wird dir mehr nützen als viele nach deinem Tod für dich gefeierten heiligen Messen." (Martin von Cochem)**

**„Das heilige Meßopfer ist der höchste Gottesdienst. Es ist die geheimnisvolle, unblutige Vergegenwärtigung des Kreuzesopfers Jesu Christi." (Pius XII.)**

Kannst Du nicht wirklich teilnehmen, so nimm doch im Geiste daran teil. Es ist die beste Stunde des Tages.

Immer mehr muß beim Beten und Opfern Gott die Herzmitte werden, nicht das eigene „Ich".

## Meßfeier aus dem Padre-Pio-Büchlein

(herausgegeben von Fr. Abresch,
San Giovanni Rotondo)

Für Alte und Kranke auch als „Meßfeier daheim" zu verwenden

### Eingangsgebete

**Im Namen des Vaters und des Sohnes und des Heiligen Geistes. Amen.**

**O Herr, unser Gott, wir sind hier, um dem heiligen Meßopfer beizuwohnen, das uns an das Kreuzopfer Deines Sohnes Jesus Christus erinnert und es täglich erneuert. Wir vereinigen uns im Geiste in derselben Meinung, wie er sie hatte, während Er Sich Dir als Opfer zum Heil der Welt darbrachte. Herr, unser Gott, wir bringen Dir dieses Opfer dar, um Dich, unsern Schöpfer und Herrn, anzubeten, um Dir für alle Wohltaten zu danken und um die Verzeihung unserer Sünden zu erlangen. Wir bringen es für uns selbst, für unsere Lieben, für die Sünder, für die ganze Welt und für die Armen Seelen des Fegfeuers dar.**

## Gloria

Ehre sei Gott in der Höhe und auf Erden Friede den Menschen, die guten Willens sind.

O Herr, wir loben Dich, wir preisen Dich, wir beten Dich an. Wir sagen Dir Dank ob Deiner Herrlichkeit, an der auch wir eines Tages nach Deiner Güte teilnehmen werden. O Jesus, am Kreuze hingeopfert für die Sünden der Welt, erbarme Dich unser! Gott Heiliger Geist, Licht der Herzen, Gast der reinen Seelen, komm zu uns und entzünde in unseren Herzen das Feuer Deiner Liebe!

## Lesung

O Herr, wir wollen so leben, wie Du es uns durch Deine heiligen Bücher lehrst. Wir sehnen uns in Deiner Gnade, mit Dir vereint zu leben. Mit Deiner Hilfe wollen wir stets Deinen heiligen Willen und unsere Pflichten treu erfüllen und jede Gelegenheit zur Sünde meiden. O Herr, komm und hilf uns, weil wir ohne Dich nichts können!

## Evangelium

O Gott, durch Deinen eingeborenen Sohn Jesus Christus, das wahre Licht der Welt, hast Du uns erleuchtet; wir sind bereit, Deinen heiligen Lehren zu folgen. Den Verstand vom göttlichen Licht erleuchtet, sind wir bereit, die Wahrheiten des Evangeliums zu verkünden und zu verteidigen. Mit unseren, von der Liebe Christi entflammten Herzen, versprechen wir, in stetiger Vereinigung mit ihm leben zu wollen.

## Opferung

Heiliger Vater, allmächtiger, ewiger Gott, nimm dieses Opfer des Brotes und des Weines an, das durch die Worte des Priesters in das Fleisch und das Blut Deines Sohnes verwandelt wird.

Wir bringen es Dir dar für unsere vielen Sünden und für alle Christgläubigen, Lebende und Tote.

Wir opfern Dir uns selbst, unsere Nöte und Schmerzen, unsere Aengste und unser Elend. Laß dieses Opfer zu unserem Heile und zum Heil der ganzen Welt Dir wohlgefällig sein!

## Gebet an die heiligste Dreifaltigkeit

Nimm an, o heiligste Dreifaltigkeit, diese Opfergaben. Wir bringen sie Dir dar zum Gedächtnis an das Leiden, die Auferstehung und die Himmelfahrt unseres Herrn Jesus

Christus, zu Ehren der seligen, allzeit reinen Jungfrau Maria, des heiligen Johannes des Täufers, der heiligen Apostel Petrus und Paulus und aller Heiligen. Laß sie ihnen zur Ehre, uns aber zum Heile gerechen; und laß die im Himmel unsere Fürbitter sein, deren Gedächtnis wir auf Erden feiern!

### Betet, Brüder!

Der Herr nehme das Opfer an aus Deiner Hand und zum Lob und Ruhme Seines Namens, zum Segen für uns und Seine ganze heilige Kirche.

### Präfation

O Herr, es ist in Wahrheit würdig und recht, Dir immer und überall dankzusagen durch Christus, unsern Herrn. Durch ihn loben die Engel Deine Majestät, die Herrschaften beten sie an, die Mächte verehren sie zitternd. Mit ihnen laß, so flehen wir, auch uns einstimmen und voll Ehrfurcht bekennen:

Heilig, heilig, heilig, Herr Gott, Dein Name ist wunderbar auf der ganzen Welt. Die Himmel erzählen von Deiner Herrlichkeit, und das Firmament verkündet die Werke Deiner Allmacht.

## Kanon

**Wir bitten Dich, o gütigster Vater, und flehen zu Dir durch Jesus Christus, Deinen Sohn, unsern Herrn, nimm wohlgefällig dieses heilige Opfer an. Wir bringen es Dir dar für die heilige katholische Kirche, für unseren Papst, für unseren Bischof, für die Priester und für alle, die den wahren katholischen und apostolischen Glauben bekennen und fördern.**

## Gedächtnis der Lebenden

**O Herr, wir empfehlen Dir unsere Familien; es herrsche in ihnen die heilige Furcht Gottes, Deine Ordnung und Dein Friede. Gedenke, o Herr, auch derjenigen, die wir Dir besonders empfehlen . . .**

(Jeder betet mit dem Priester kurz für bestimmte Gläubige, deren er besonders gedenken will.)

**Wir empfehlen Dir alle Umstehenden, deren Glauben und Opfergesinnung Du kennst. Sie bringen Dir dieses heilige Opfer dar und flehen, damit Du ihre Seelen rettest und sie befreien mögest von allen Gefahren.**

## Vor der Wandlung

Durch die Fürbitte der heiligsten Jungfrau Maria, der Mutter Jesu Christi, unseres Herrn und Gottes, Deiner heiligen Apostel und aller Deiner Heiligen, hilf uns, o Herr, bewahre uns vor der ewigen Verdammnis und nimm uns auf in die Schar Deiner Auserwählten!

## Bei der Wandlung

Gedenke o Herr, Deiner Geschöpfe, die Du mit Deinem kostbaren Blute erlöst hast.

Unser Gott und Herr, wir beten den allerheiligsten Leib Deines Sohnes Jesus Christus, der hier im allerheiligsten Sakrament des Altares zugegen ist, an. Eingedenk Seines heilbringenden Leidens, Seiner Himmelfahrt, bringen wir Deiner erhabenen Majestät dieses reine, heilige und makellose Opfer dar. Das heilige Brot des ewigen Lebens, das kostbare Blut, das Er zur Vergebung unserer Sünden vergossen hat.

O Herr, schaue mit gnädigem Angesichte darauf nieder und nimm es wohlgefällig an! Segne uns, heilige alle, die den Leib Deines Sohnes empfangen!

**Bei der Erhebung der heiligen Hostie:**

„Mein Herr und mein Gott!
Jesus, Dir lebe ich, Dir sterb' ich, Dein bin ich.

**und des Kelches:**

Himmlischer Vater, durch das unbefleckte Herz Mariens opfere ich Dir Deinen vielgeliebten Sohn, Seinen Leib und Sein Blut durch alle Priester der ganzen Welt auf als ein immerwährendes Sühneopfer für meine und aller Menschen Sünden, als ein immerwährendes Bittopfer für die Bekehrung der Sünder und für die Armen Seelen. Amen."

**Nach der Wandlung:**

„Liebe Mutter Gottes, nimm diesen Kelch mit dem kostbaren Blute von diesem Altar, zusammen mit dem kostbaren Blute aller Altäre des ganzen Erdkreises und gieße es aus über die Welt, damit sie gereinigt werde von Verfall, Unheil und Krieg! Gieße es aus über das Fegefeuer, allen Armen Seelen zur Erquickung und vielen zur Erlösung! Gieße es auch aus über den ganzen Himmel, zur größeren Verherrlichung und zum Lobpreis Gottes und zur Ehre der Engel und Heiligen. Amen.

## Zum Gedächtnis der Verstorbenen:

**„Gedenke, o Herr, der verstorbenen Seelen, die uns im Zeichen des Glaubens vorangegangen und im Frieden entschlafen sind!“**

(Jeder betet hier für bestimmte Verstorbene.)

**„O Herr, gewähre jenen, die in Christus ruhen, den Ort des Lichtes, der Erquickung und des Friedens und führe sie in die himmlische Herrlichkeit. Auch uns Sündern, die auf Deine überreiche Barmherzigkeit vertrauen, gib, daß wir einstens teilhaben an der Seligkeit Deiner Apostel, Märtyrer und aller Deiner Heiligen!“**

## Zum Vaterunser

**Vater unser im Himmel, geheiligt werde Dein Name, Dein Reich komme, Dein Wille geschehe, wie im Himmel so auf Erden! Unser tägliches Brot gib uns heute. Und vergib uns unsere Schuld, wie auch wir vergeben unseren Schuldigern. Und führe uns nicht in Versuchung, sondern erlöse uns von dem Bösen!**

## Zum Friedenswunsch

Durch die Fürsprache der seligen Jungfrau Maria, Deiner Apostel und Deiner Heiligen befreie uns, o Herr, von jeder Sünde und beschütze uns vor allem Übel und gib uns den Frieden. Durch Dein Erbarmen bewahre uns vor jeder Beunruhigung!

## Zum Agnus Dei

O Herr Jesus Christus, Du hast Deinen Aposteln den Frieden hinterlassen, gib auch der Kirche den Frieden und die Einheit! Durch Deinen Tod hast Du der Welt das Leben geschenkt. Durch Dein hochheiliges Fleisch und Blut befreie uns von jeder Unruhe und von jeglichem Übel. Gib, daß wir Deinen Geboten treu bleiben und laß nicht zu, daß wir uns jemals von Dir trennen!

## O Herr, ich bin nicht würdig

O Herr, ich bin nicht würdig, daß Du eingehest unter mein Dach, aber sprich nur ein Wort, so wird meine Seele gesund.

## Vor der Kommunion

Herr Jesus Christus dem Willen des Vaters gehorsam, hast Du unter Mitwirkung des Heiligen Geistes durch Deinen Tod der Welt das Leben geschenkt. Erlöse mich durch dieses Dein hochheiliges Fleisch und Blut von allen meinen Sünden und von jeglichem Übel! Gib, daß ich Deinen Geboten allzeit treu bleibe und laß nicht zu, daß ich mich jemals von Dir trenne!

Der Genuß Deines Leibes, Herr Jesus Christus, den ich Unwürdiger zu empfangen wage, gereiche mir nicht zum Gerichte und zur Verdammnis, sondern durch Deine Güte zum Schutz für Leib und Seele und zu meiner Heilung!

O Herr, ich bin nicht würdig, daß Du eingehest unter mein Dach, aber sprich nur ein Wort, so wird meine Seele gesund.

Liebe Mutter Gottes, bereite du mein Herz für eine gute, heilige Kommunion!

Nach der Rückkehr von der heiligen Kommunion:

„Mein liebster Jesus, Dir sei Ruhm, Preis, Ehre und Dank, Lob und Verherrlichung im Namen aller und für alle Seelen, jetzt und allezeit! Ich lege Dich in das Herz Deiner teuersten Mutter Maria, auf daß sie mir anbeten und danken helfe, lieben und vertrauen."

## Nach der Kommunion

O Herr, erleuchte mit Deinem göttlichen Lichte unsern Verstand, damit wir Dich, den einzig wahren Gott, und Deinen Sohn Jesus Christus, den Erlöser der Welt, immer besser erkennen. Gib uns die Gnade, Dich aus ganzem Herzen und über alles zu lieben und unseren Nächsten wie uns selbst; unsere Pflichten getreu zu erfüllen, damit uns Deine unendliche Güte und Barmherzigkeit eines Tages in das Reich der ewigen Seligkeit aufnimmt. Um das bitten wir Dich durch die Verdienste unseres Herrn Jesus Christus, der mit dem Heiligen Geiste und mit Dir lebt und herrscht von Ewigkeit zu Ewigkeit. Amen.

(Empfehlen wir dann durch unsere allerliebste Mutter Maria in Jesu weltweites Herz alle Ehegatten, besonders die geschiedenen, alle Priesterherzen, vor allem die irrenden und versagenden! Empfehlen wir besonders den Heiligen Vater mit seinen großen Anliegen, alle Opfer- und Apostelseelen unserer Zeit, alle Kranken und Verlassenen, alle Gefangenen und Verfolgten, alle Hungernden und Heimatlosen, unsere Jugend, unsere Alten und alle heute Sterbenden, damit Gottes unendliche Barmherzigkeit sie erquicke!)

## Bitte um Annahme des Opfers

Heiliger, dreieiniger Gott, wir bitten Dich, nimm dieses Opfer, das wir Deiner göttlichen Majestät dargebracht haben, wohlgefällig an! Gib, daß es durch Deine unendliche Barmherzigkeit uns und allen zur Versöhnung gereiche. Amen.

## Segen

Segne uns, o Herr, durch die Hand Deines Dieners! Im Namen des Vaters, den ich so sehr liebe, des Sohnes und seiner Mutter, die ich so sehr liebe, und des Hochheiligen Geistes, den ich so sehr liebe! Amen.

## Gebete nach der heiligen Messe

Gegrüßet seist du, Maria . . . (dreimal)

Gegrüßet seist du, Königin, Mutter der Barmherzigkeit, unser Leben, unsere Süßigkeit und unsere Hoffnung, sei gegrüßt! Zu dir rufen wir elende Kinder Evas, zu dir seufzen wir trauernd und weinend in diesem Tale der Tränen. Wohlan denn, unsere Fürsprecherin, wende deine barmherzigen Augen uns zu und nach diesem Elend zeige uns Jesus, die gebenedeite Frucht deines Leibes! O gütige, o milde, o liebe Jungfrau Maria!

V. Bitte für uns, heilige Gottesgebärerin!

A. Auf daß wir würdig werden der Verheißungen Christi.

Lasset uns beten!

O Gott, unsere Zuflucht und Stärke, siehe gnädig herab auf das Volk, das zu Dir ruft. Auf die Fürsprache der glorreichen und unbefleckten Gottesgebärerin Maria, des heiligen Josef, ihres Bräutigams, und der heiligen Apostel Petrus und Paulus und aller Heiligen, erhöre barmherzig und gütig unser flehentliches Gebet für die Freiheit und Erhöhung unserer heiligen Mutter, der Kirche, durch Christus, unsern Herrn! Amen.

Heiliger Erzengel Michael, verteidige uns im Kampfe. Sei unser Schutz gegen die Bosheit und die Nachstellungen des Teufels! Gott gebiete ihm, so bitten wir flehentlich; du aber, Führer der himmlischen Heerscharen, stürze den Satan und die andern bösen Geister, die in der Welt umherschweifen, die Seelen zu verderben, in der Kraft Gottes hinab in den Abgrund der Hölle! Amen.

## Eine herzliche Bitte

Bist Du aus irgend einem Grund verhindert, an der heiligen Messe persönlich teilzunehmen, dann bete folgendes Gebet:
„Heiliger Schutzengel mein,
geh für mich in die Kirch' hinein!
Knie dich hin an meinem Ort,
hör' die heil'ge Messe dort!

Bei der Opf'rung bring mich dar
Gott zum Dienste ganz und gar!
Was ich hab' und was ich bin,
leg als Opfergabe hin!

Bei der heil'gen Wandlung dann
bet' mit Seraphs-Inbrunst an
unsern Heiland Jesus Christ,
der wahrhaft zugegen ist!

Bet' für die, so mich geliebt,
bet' für die, so mich betrübt!
Denk auch der Verstorb'nen mein!
Jesu Blut wasch alle rein!

Beim Genuß vom Höchsten Gut
bring mir Jesu Fleisch und Blut,
und im Geist mich ihm verein,
laß mein Herz ein Tempel sein!

**Fleh', daß allen Menschen Heil
aus dem Opfer werd' zuteil!
Ist die heil'ge Messe aus,
bring den Segen mir nach Haus!
Amen."**

(Empfehlenswert ist auch „Meßfeier daheim" von P. Siegward, St. Wendelinusverlag, Einsiedeln.)

## Einige Anregungen

**St. Josefskarten** wie auf dem Umschlag unseres Büchleins sind zu haben im St. Grignionhaus 8262 Altötting.
2. **Auskünfte über Kassetten! Kassetten oder Schallplatten** mit Ansprachen von Bischöfen, Priestern und Laien, die in Kranken- und Altenstuben viel Trost und Ermutigung bringen, bitte anfragen bei Eurer Bischöflichen Stelle oder bei Vox Fidei CH-4623 Trimbach (Schweiz) oder anderen zentralen, christlichen Stellen!
3. Die erhebenden **Rundfunkansprachen** an die Kranken von Bischof Rudolf Graber sind zu haben beim Verlag Kral 8423 Abensberg. („Der Heilige Geist und die Kranken", 0,20 DM, „Worte an die Kranken", 2,10 DM.

## Bücher von A. M. Weigl

Alle zu beziehen vom St. Grignionverlag 8262 Altötting
oder jeder Buchhandlung

**In Gottes Vaterhand** (70 Geschichten)
**Vater, wir preisen Dich!**
**Wunder des Vertrauens**
**Gott greift ein** (50 erschütternde Geschichten)
**Dein Antlitz leuchte über uns**
**Stimmen, die vom Himmel kommen**
**Leben, lieben, vollenden im Heiligen Geist**
**Göttliches Kind, ich bete Dich an**
**Und in der Stunde** (Hilfe den Sterbenden)
**Der wichtigste Augenblick**
**SOS aus dem Fegfeuer**
**Mutter Anna, wir rufen zu Dir**
**Volk unter prophetischem Anruf** (Marienerscheinungen)
**Vertrau auf die Mutter** (1. Marienbuch)
**Seine Mutter – meine Mutter** (2. Marienbuch)
**Ein Mutterherz für alle** (3. Marienbuch)
**Mutter, wir danken Dir** (4. Marienbuch)
**Mutter, ganz Dein eigen** (5. Marienbuch)
**Maria – Rosa Mystica** (5. Aufl.) (6. Marienbuch)
**An Mariens Mutterhand** (7. Marienbuch)
**Sankt Josef auch dein Helfer** (1. Josefsbuch)
**Und wieder half der heilige Josef** (2. Josefsbuch)
**»Gehet alle zu Josef!«** (3. Josefsbuch)
**Heiliger Josef, wir danken dir** (4. Josefsbuch)
**Heiliger Josef, Vater und Helfer** (5. Josefsbuch)
**Schutzengelgeschichten heute** (70 Geschichten)
**Schutzengel-Erlebnisse** (70 Beispiele)
**Sie sah ihren Schutzengel**
**Engel Gottes, mein Beschützer** (Großdruck)
**Aus dem Gebetsschatz der heiligen Kirche**
**Gebete in großer Bedrängnis** (Großdruck)
**Ein Segenswort für jeden Tag**
**Nur die Liebe rettet** (Liebesakt)
**Unseren lieben Kranken und Alten** (Großdruck)

**Helft den lieben Armen Seelen** (Großdruck)
**Geschichte einer Liebe** (Anna-Schäffer-Buch)
**Vor 50 Jahren starb Anna Schäffer**
**Anna Schäffer, opferbereit und leidensfreudig bis zuletzt**
**Anna Schäffers geheimnisvolles Schauen**
**Mutter Vogls weltweite Liebe** (Neuausgabe)
**Maria Ancilla von Gebsattel, eine große Liebende**
Etwas gekürzte Ausgabe (260 Seiten)
**Sie lebte der Liebe** (Mutter Maria Theresia Meyer-Bernhold)
**Liebe siegt im Opfer** (Mariella Klimaschka)
**Sühne tut brennend not** (Mariella Klimaschka)
**Das Größte ist die Liebe** (P. Reus, SJ)
**P. Reus, ein neuer großer Helfer**
**Maria Lichtenegger, ein junges Leben mit Christus**
**Columba Weigl** (Lebensgeschichte u. Novenenbüchlein zugleich)

## Kleinschriften

**Vergeßt eure heiligen Engel nicht**
**Hilf auch Du Seelen retten**
**Schütze und segne Dich und die Deinen mit Weihbrunn**
**Heimgehen dürfen wie Bernhard**
**Erlebnisse dem Grünen Skapulier**
**Viel mehr Gottvertrauen**
**Die leidende Liebe ist die größte**
**Bist auch Du Segenspender?**
**Segenspfarrer Handwercher**
**Blicke in die Zukunft**
**So starb ein Held**
**Gestrauchelt und doch von der Liebe verfolgt**
**Anna Schäffer – eine Helferin**
**Seelenrast und Trost am Grabe Anna Schäffers**
**Neun Gebetstage zu Anna Schäffer**
**Anna Schäffer, ein Leben der Liebe**
**Rosenkranzbeten im Lichte der Eucharistie**
**Der Tränenrosenkranz, höchst aktuell**
**Revolution im Heiligen Geist**
**Die letzte Hilfe,** Großdruck